AF263040

# LA RÉPUBLIQUE

## ET L'EMPIRE

OU

## SIMPLES RÉFLEXIONS

DÉDIÉES AUX TRAVAILLEURS DE LA COTE-D'OR

DEUXIÈME ÉDITION

**PRIX : 15 CENTIMES**



DIJON

IMPRIMERIE ET LITHOGRAPHIE F. CARRÉ

Rue Amiral-Roussin, 40

1874

L'accueil sympathique qui a été fait à la première édition de *la République et l'empire*, m'impose le devoir d'en publier une seconde.

Je remercie chaleureusement les personnes qui ont bien voulu me lire et celles assez nombreuses qui m'ont prodigué leurs encouragements.

Mon travail n'a qu'un mérite, celui de prémunir les citoyens des campagnes contre les sollicitations intéressées des hommes de l'empire.

Ils regrettent l'empire, pourquoi, si ce n'est qu'il les payait grassement avec l'argent des contribuables ?

Que les anciens députés plébiscitaires conservent précieusement le souvenir de la famille Bonaparte, nul ne s'en plaindra, mais qu'ils n'aient pas l'impudence de briguer nos suffrages après avoir conduit la France à Sedan.

Qu'ils préfèrent le FILLEUL DU PAPE, qui les comblerait de faveurs, à la République décernant les récompenses aux plus dignes, je les comprends aisément, mais qu'ils ne viennent pas nous parler de les aider à réédifier un pouvoir néfaste.

S'ils ont cette audace, demandons-leur ce qu'ils ont fait de nos milliards et de l'Alsace et de la Lorraine.

# LA RÉPUBLIQUE ET L'EMPIRE

## OU

## SIMPLES RÉFLEXIONS

### dédiées aux Travailleurs de la Côte-d'Or

―――――

## I

La cause de la monarchie est désormais jugée et condamnée sans recours, ni appel. Le pays la répudie, qu'elle s'offre à lui avec le drapeau blanc et Henri V pour chef, ou le drapeau tricolore et le comte de Paris à sa tête.

Le marquis de Franclieu aura beau crier et faire crier dans les villes, les bourgs, les villages : Le Roy !.... Le Roy !.... Le Roy !.... La légitimité est morte et ses partisans n'ont plus qu'à se mettre en prières pour le repos de son âme.

Quant à l'orléanisme, il est également fini et bien fini. Toutes les intrigues et les finasseries de ses amis ont été impuissantes à le sauver, lui aussi, du naufrage. Mais déjà on annonce de toutes parts que l'héritier du roi-bourgeois est tout prêt à se rallier à la République !

Donc, seuls, l'empire et la République restent face à face,

celui-là voulant régner par les moyens familiers à ce régime, celle-ci par la volonté nationale et le concours des gens honnêtes, sans exclusion d'aucune sorte.

## II

Je vais examiner froidement et sans passion les titres de l'un et de l'autre à briguer le gouvernement de la France.

D'abord, je commence par l'empire et je le prends à son origine.

Le fondateur de la dynastie impériale fut Napoléon Ier, ce que personne n'ignore, et dont la plupart des historiens contemporains ont fait le plus grand capitaine des temps passés, présents et futurs.

Je ne m'élèverai pas ici contre un pareil jugement, quelque excessif qu'il soit. Je me bornerai simplement à rappeler :

1° Qu'il s'empara du pouvoir par surprise et en dispersant violemment les représentants librement élus de la nation, — crime que rien n'excuse ni ne justifie ;

2° Qu'il interrompit le grand œuvre de la révolution ;

3° Qu'il gouverna au nom du bon plaisir, sans s'enquérir jamais des besoins et des aspirations de ses sujets, — c'est-à-dire en maître absolu, en despote ;

4° Que son ambition effrénée le conduisit à faire les guerres les plus injustes, et qu'à deux reprises les peuples de l'Europe coalisés se ruèrent sur nous et envahirent notre territoire ;

5° Que nos pères durent payer une rançon énorme pour

être délivrés de l'occupation étrangère et que deux millions
de paysans et d'ouvriers (1) périrent dans les batailles que
livra le conquérant;

6° Enfin que la France fut réduite après Waterloo à ses
limites d'avant 1789, ne conservant pas même celles qu'elle
tenait de la Révolution.

Toutes choses qui ne m'inspirent pas la moindre sym-
pathie pour Napoléon Ier. Je distingue parfaitement dans cet
homme le génie du mal, mais il m'est vraiment impossible
de lui trouver, en revanche, le génie du bien.

Je ne crois pas qu'un citoyen aimant vraiment son pays
puisse apprécier autrement le personnage qui fit tant de
mal à ce pays.

Voilà pour le premier empire.


### III


L'histoire du second est connue de tous. Ses méfaits sont
là, palpables, évidents, et, quoi que disent et fassent ses
apologistes, ils n'empêcheront pas que l'Alsace et la Lorraine
ne soient devenues la possession de la Prusse de par la grâce de Napoléon III !...

Au souvenir de ce régime de misères et de ruines, tout
mon être frémit d'horreur et la plume me tombe des mains
quand j'ai à écrire ces quatre mots : SECOND EMPIRE !
NAPOLÉON III !...

Quel règne !... Quel commencement !... Quelle fin !...

(1) Je ne dirai rien des riches qui purent se procurer des rempla-
çants en y mettant le prix.

La République de 1848, si clémente et si bonne, lui avait ouvert les portes de la patrie. (Mais en avait-il une patrie?)

C'était un acte de coupable faiblesse, quoique de haute générosité, et tout autre qu'un prétendant en eût conservé de la reconnaissance. Il n'eut pas plutôt mis le pied sur le sol français qu'il c njura le renversement de celle qui lui avait rendu ses prétendus droits de citoyen. Il s'en fit même nommer le président, à l'effet de mieux assurer la réussite de sa criminelle entreprise. Puis, par une sombre nuit de décembre, il exécuta ses projets, en compagnie des Morny, des Maupas, des Saint-Arnaud, et le lendemain Paris se réveilla enchaîné.

La grande ville se leva pour défendre le droit et la liberté, et ses enfants les plus braves tombèrent sous le fer des insurgés. En province, ce noble exemple eut de nombreux imitateurs, mais également sans résultat. La force resta au parjure, au violateur de la loi, et le 10 décembre 1851, le peuple qu'il avait osé consulter sur l'attentat inouï qu'il venait de commettre battit des mains et en fit un empereur ! . . . . . . . . . . . . . . . . .

Le clergé, si dévoué de nos jours au comte de Chambord, s'inclina avec un touchant ensemble devant le triomphateur, et des cantiques d'allégresse retentirent dans toutes les églises de France ! . . . . . . . . . . . .

## IV

Que dire des dix-huit mortelles années qui suivirent le coup d'Etat ?

L'histoire de ce régime épouvantable est, je le répète,

dans toutes les bouches, histoire qui fend le cœur et arrache l'âme aux moins sensibles.

Je rappellerai seulement que le 8 mai 1870, la nation ne crut mieux faire que de continuer sa confiance à cet homme qui, trois mois plus tard, devait la livrer à son implacable ennemie l'Allemagne !

Il lui avait promis la paix et la liberté, et dès qu'il eut obtenu ce qu'il demandait, il déclara la guerre à la première puissance militaire de l'Europe.

Nous étions dans le dénuement le plus complet : les places de l'Est manquaient du strict nécessaire, les régiments comptaient mille ou douze cents hommes d'effectif au plus. Il n'y avait pas d'effets d'équipements, pas d'armes en approvisionnement, les arsenaux étaient vides et l'examen d'une pareille situation n'avait point donné matière à réflexion au chef de l'Etat. Il s'était jeté tête baissée dans cette effroyable aventure, et le peuple dépouillé de sa souveraineté dut, bon gré, mal gré, marcher à sa suite !

Aussi, qu'advint-il ? Ce que tout esprit sérieux avait prévu. Nos armées furent écrasées par des forces cinq ou six fois supérieures : à Wissembourg, à Forback, à Wœrth, et le 2 septembre, c'est-à dire un mois après l'ouverture des hostilités, Napoléon III capitulait lâchement avec 80,000 hommes ! . . . . . . . . . . . . . . . . . .

V

Aujourd'hui, la France est démembrée. Ses boulevards de l'Est sont entre les mains des barbares du Nord. La dette s'est accrue de 12 milliards. Bazeilles, Charleville,

Châteaudun et mille autres villes, bourgs et villages ont été incendiés. Des familles, en nombre incalculable, sont dans le deuil et dans les larmes, un ou plusieurs de leurs membres ayant trouvé la mort en défendant pied à pied le sol de notre malheureux pays. Les impôts sur les objets de première nécessité ont doublé et le travail est devenu rare ou payé insuffisamment; on sent qu'un mauvais génie est passé sur la France, et ce génie malfaisant, c'est l'empire, dont une minorité turbulente et factieuse prépare la restauration.

Je le déclare en mon âme et conscience : le retour aux affaires des bonapartistes n'est pas dans le domaine des choses possibles. Quoi ! les Rouher, les Lebœuf, les Bazaine pourraient avoir une fois de plus la haute main dans les destinées du pays qu'ils ont conduit aux abîmes. Quoi ! le passé ne contiendrait aucun enseignement, et à si courte distance nous aurions oublié la défection de Sedan et de Metz, l'invasion et ses horribles péripéties; nos demeures souillées ou détruites, nos filles et nos femmes insultées, les cinq milliards payés, les provinces perdues et, par-dessus tout, les humiliations subies et l'abaissement moral de la patrie !

Mais le jour où cette folie de la restauration s'accomplirait, la France deviendrait la risée du monde entier et son nom serait pour toujours indigne de figurer parmi ceux des nations civilisées.

L'idée napoléonienne compte encore, hélas ! des adhérents dans les classes ignorantes, mais conclure de là que les élections générales seront favorables aux candidats impérialistes, ce serait insulter au bon sens et au patriotisme de ce qui constitue véritablement le peuple français.

Et puis, raisonnons quelque peu. Qui représente actuellement ce gouvernement qui est tombé le 4 septembre 1870 devant la réprobation et le dégoût publics ?

L'impératrice ? Mais c'est une femme et une étrangère.

L'écolier de Woolwich, alors ? Mais c'est un enfant et trente-six-millions d'individus, dont un tiers courbés par le travail et chargés d'ans confieraient à de telles mains la direction et la marche des affaires !

Allons, messieurs les impérialistes, les prétentions que vous avez à soutenir ne sont pas sérieuses et vous vous moquez de nous, où vous vous trompez d'époque en les affichant aussi effrontément que vous le faites.

Elles ont contre elles le bon sens et la raison.

Est-il besoin de vous rappeler que nous vivons en l'an de grâce 1874, et qu'il n'est plus ce bon vieux temps où le peuple français passait de souverain à souverain comme la propriété change de maître.

Charles VI *le fou* succédait à Charles V *le sage*, c'est de l'histoire ancienne et non de l'histoire moderne. Grâce à la Révolution, nous sommes un peuple et non plus un troupeau.

Un enfant de dix-huit ans aspirer en plein dix-neuvième siècle au gouvernement du pays d'où partit le grand mouvement démocratique ! — Un enfant auquel le premier propriétaire venu n'abandonnerait certes pas la gestion de son domaine, — qui sera à peine bachelier quand tant de fils de paysans sont docteurs, — qui, fait grenadier le lendemain de sa naissance, ne saura probablement de sa vie commander une escouade !.

C'est de l'aberration et on en devrait rire si la gaîté était de mise à la suite des désastreux événements de 1870-1871.

La situation que nous avons héritée de Napoléon III est effroyable, jamais un peuple n'a subi épreuves pareilles aux nôtres et ce n'est pas un adolescent, fût-ce un prodige d'intelligence et tel n'est point le cas du rejeton des Bonapartes, — qu'appartient la mission du relèvement de la France.

L'expérience est pour le moins nécessaire à l'homme qui acceptera le lourd fardeau de nous guider vers des destinées meilleures. Il lui faut une connaissance profonde de toutes choses, de vrais talents si ce n'est du génie, et le représentant imberbe de Chislehurst ne possède à son actif que le haut fait de Saarbruck.

A quoi bon le privilége insensé de la naissance, s'il n'est accompagné de ces deux choses indispensables : le mérite et les services rendus.

Il est naturel que les ex-chambellans et écuyers se contentent de l'ex-prince impérial : ils sont ses esclaves et leur dévouement lui est acquis envers et contre tous, mais nous autres Français, qui attendons tout du travail, nous ne devons avoir souci que de la dignité et de l'intérêt du pays.

Non, l'empire ne peut désormais être restauré.

Assez de Waterloo et Sedan et des trois invasions qui en ont été la conséquence funeste.

Napoléon III est mort, qu'il dorme le dernier sommeil et sa dynastie avec lui.

## VI

Mon sentiment exprimé en Français et en patriote à l'égard des tentatives faites en vue de réédifier le césarisme qui a été rejeté par une sorte de hoquet public, selon l'énergique expression de Gambetta, j'arrive à déclarer que le seul gouvernement conforme à nos intérêts présents et futurs, c'est la République.

Elle existe déjà en fait et en droit. Elle a accompli en quelques mois ce prodige de la libération du sol. Elle a relevé la patrie alors qu'on la croyait abattue pour jamais, en lui rendant sa place et son influence en Europe. Les travailleurs des champs qui, jusque-là, s'en étaient fait un monstre, se sont rapprochés d'elle et en deviendront bientôt le plus ferme appui.

Mais il manque à ce gouvernement, demeuré populaire malgré ses ennemis et les fautes commises en son nom, il manque une consécration solennelle. Il importe que la France soit appelée à le reconnaître par des élections générales. Il serait insensé de compter sur la constitution par l'assemblée actuelle, qui s'est elle-même frappée d'impuissance. Elle n'a pu s'entendre relativement à la monarchie, bien que la majorité de ses membres fussent dévoués à cette dernière. Ma conviction intime est qu'elle ne réussira pas davantage à faire la République, et si elle y parvient, par extraordinaire, lui donnera-t-elle la force vitale indispensable à sa stabilité et à son fonctionnement normal et régulier ? Je ne puis non plus le croire, ni l'espérer.

La République seule peut rallier dans un faisceau indissoluble tous les membres de la grande famille française.

Elle seule n'est pas un parti d'exclusion, puisqu'elle fait appel à toutes les abnégations, à tous les dévouements. Du reste, est-elle un parti dans le sens réel du mot? Non, c'est la France elle-même en possession de sa souveraineté et s'administrant sous les yeux et le contrôle de tous.

Avec la République, point de folles et ruineuses dépenses : un président ou un simple chef du pouvoir exécutif, revenant à quelques centaines de mille francs ; la liste civile de Napoléon III était de vingt-cinq millions, sans compter celles de l'impératrice et du prince impérial. Je ne dis rien des autres millions gaspillés chaque année et qui, naturellement, n'étaient pas pris sur la liste civile. Leur évaluation est matériellement impossible, mais ce que je puis avancer sans crainte d'être démenti, c'est qu'ils n'ont pas peu contribué à porter la dette au chiffre auquel elle se montait à la chute de l'empire.

Donc, ne serait-ce que dans un but d'économie, et jamais nous n'eûmes aussi besoin d'en faire, la République devrait avoir la préférence sur les gouvernements monarchiques. Sous la République, et il est bien entendu que je parle de la vraie, les castes disparaissent : plus de ces classes privilégiées dont les membres, sous la monarchie, naissent ministres, ambassadeurs, préfets, etc.; ni faveurs, ni passe-droits, ni apanages, les fonctions sont la récompense des aptitudes et du travail.— Devant la loi les inégalités sociales sont écartées, ni riches, ni pauvres, des coupables à frapper, des innocents dont le droit est à proclamer.— Dans l'armée, la magistrature, les diverses branches d'administration, tous les emplois donnés au concours, c'est-à-dire aux plus méritants. — Supression des cumuls. — Réduction des gros traitements, augmentation des petits salaires. — L'Eglise libre dans l'Etat libre. — L'instruction laïque, gratuite et obligatoire, obligatoire jusqu'à l'âge où l'enfant peut être appelé à venir en aide à sa famille, cela va sans dire.— Le service militaire obligatoire sans restrictions ni réserves.— La liberté de la presse.— La liberté de conscience.— Le droit d'association et de réunion.— L'abstention complète et absolue des fonctionnaires de tous ordres en temps d'élections.— Le faible secouru, protégé.— La vertu récompensée.— La position de la femme améliorée. — L'amour de la patrie élevé à l'Etat de culte, de religion.

La République c'est, en un mot, l'affirmation et la mise en pratique des immortels principes de 1789 : *Liberté, Egalité, Fraternité.*

Voilà, mes chers amis les paysans de la Côte d'Or, auxquels je dédie les réflexions qui précèdent, voilà, dis-je, l'image affaiblie du gouvernement sur le compte duquel de mauvaises gens vous ont narré de si vilaines choses.

Vous voyez qu'on peut aimer plus mal. Eh bien ! il dépend de vous et de vos frères des autres départements de le donner à la France, il suffira simplement, en ce qui vous concerne, de déposer dans l'urne, aux prochaines élections, les noms de républicains éprouvés et convaincus.

Le 4 octobre va vous fournir l'occasion de faire entendre vos vœux et vos aspirations.— Ce jour-là, soyez avant tout patriotes et souvenez-vous des derniers événements.— Gardez-vous de donner vos suffrages à ceux qui travaillent à nous ramener l'empire. Allez aux hommes de progrès et d'ordre et qu'il y ait en tête du mandat que vous leur imposerez : *Instruction et Liberté.*

L. V.

www.ingramcontent.com/pod-product-compliance
Lightning Source LLC
Chambersburg PA
CBHW050744070726

47597CB00009B/4064